Schule - skola

Impressum
Verlag: BABADADA GmbH, Nedderfeld 112 , 22529 Hamburg
Geschäftsführer / Verlagsleitung: Harald Hof
Druck: Books on Demand GmbH, In de Tarpen 42, 22848 Norderstedt

Imprint
Publisher: BABADADA GmbH, Nedderfeld 112 , 22529 Hamburg, Germany
Managing Director / Publishing direction: Harald Hof
Print: Books on Demand GmbH, In de Tarpen 42, 22848 Norderstedt, Germany

Schule

skola

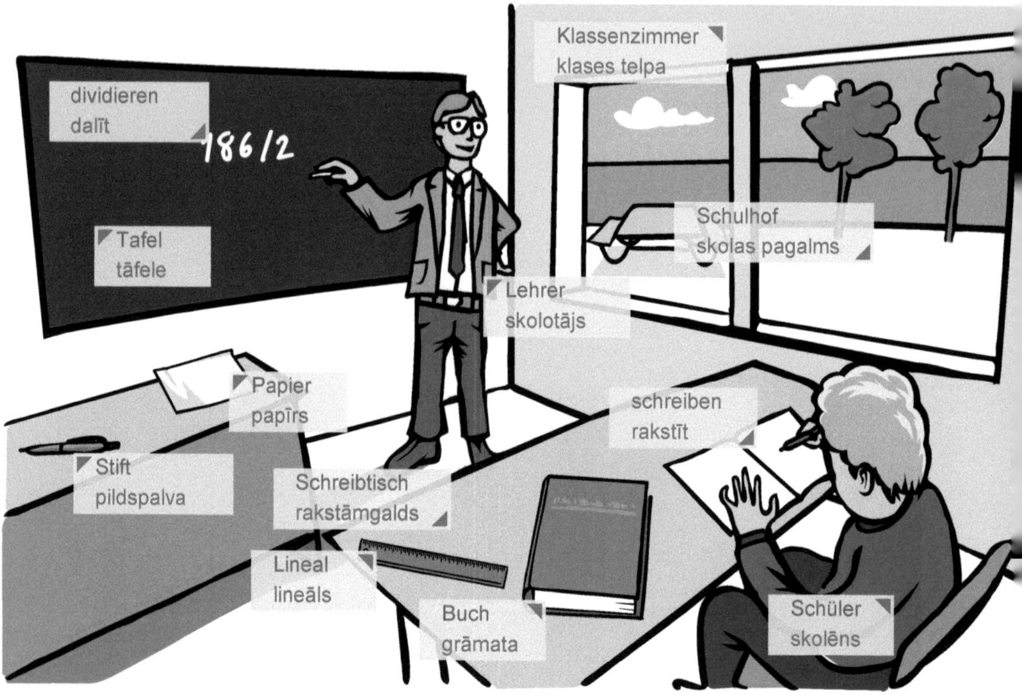
Klassenzimmer
klases telpa
dividieren
dalīt
186/2
Tafel
tāfele
Schulhof
skolas pagalms
Lehrer
skolotājs
Papier
papīrs
schreiben
rakstīt
Stift
pildspalva
Schreibtisch
rakstāmgalds
Lineal
lineāls
Buch
grāmata
Schüler
skolēns

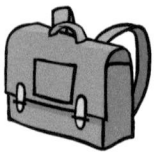

Ranzen

skolas soma

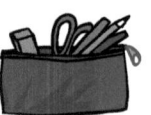

Federmappe

penālis

Bleistift

zīmulis

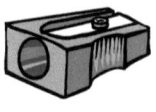

Bleistiftanspitzer

zīmuļu asināmais

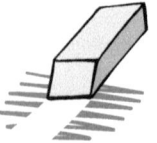

Radiergummi

dzēšgumija

Zeichenblock

zīmēšanas bloks

Zeichnung

zīmējums

Pinsel

ota

Malkasten

krāsas

Schere

šķēres

Klebstoff

līme

Übungsheft

darba burtnīca

Hausaufgabe

mājas darbs

12

Zahl

skaitlis

2+2

addieren

saskaitīt

5-2

subtrahieren

atņemt

2×2

multiplizieren

reizināt

rechnen

rēķināt

A

Buchstabe

burts

ABCDEFG
HIJKLMN
OPQRSTU
VWXYZ

Alphabet

alfabēts

Wort

vārds

Text

teksts

lesen

lasīt

Kreide

krīts

Stunde

mācību stunda

Klassenbuch

žurnāls

Prüfung

eksāmens

Zeugnis

liecība

Schuluniform

skolas forma

Ausbildung

izglītība

Lexikon

enciklopēdija

Universität

universitāte

Mikroskop

mikroskops

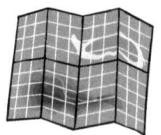

Karte

karte

Papierkorb

papīrgrozs

Reise
ceļojums

Hotel
viesnīca
Grand
Herberge
hostelis
ROOMS
Wechselstube
valūtas maiņas punkts
CHANGE
Koffer
čemodāns
Auto
automašīna

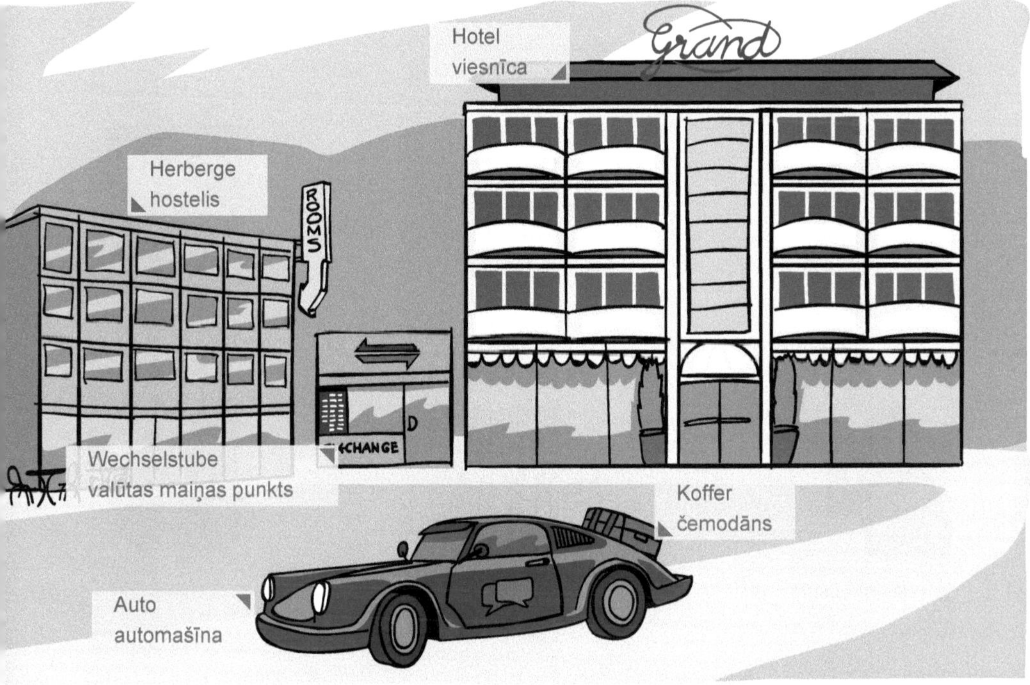

Sprache
Valoda

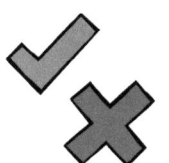

ja / nein
jā / nē

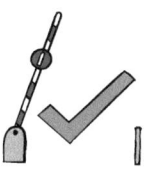

Okay
Okay

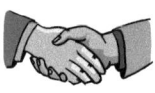

Hallo
Sveiki!

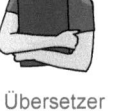

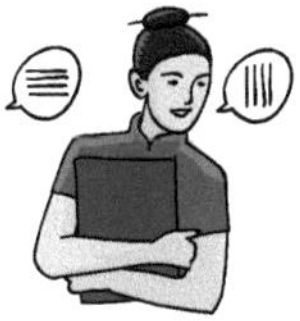

Übersetzer
tulks

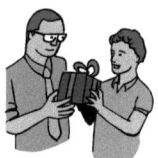

Danke
paldies

Was kostet…?

Cik maksā…?

Ich verstehe nicht

Es nesaprotu

Problem

problēma

Guten Abend!

Labvakar!

Guten Morgen!

Labrīt!

Gute Nacht!

Ar labu nakti!

Auf Wiedersehen

Uz redzēšanos

Richtung

virziens

Gepäck

bagāža

Tasche

soma

Rucksack

mugursoma

Gast

viesis

Zimmer

istaba

Schlafsack

guļammaiss

Zelt

telts

Touristeninformation

tūrisma informācija

Strand

pludmale

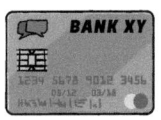

Kreditkarte

kredītkarte

Frühstück

brokastis

Mittagessen

pusdienas

Abendessen

vakariņas

Fahrkarte

biļete

Fahrstuhl

lifts

Briefmarke

pastmarka

Grenze

robeža

Zoll

muita

Botschaft

vēstniecība

Visum

vīza

Pass

pase

Transport

transports

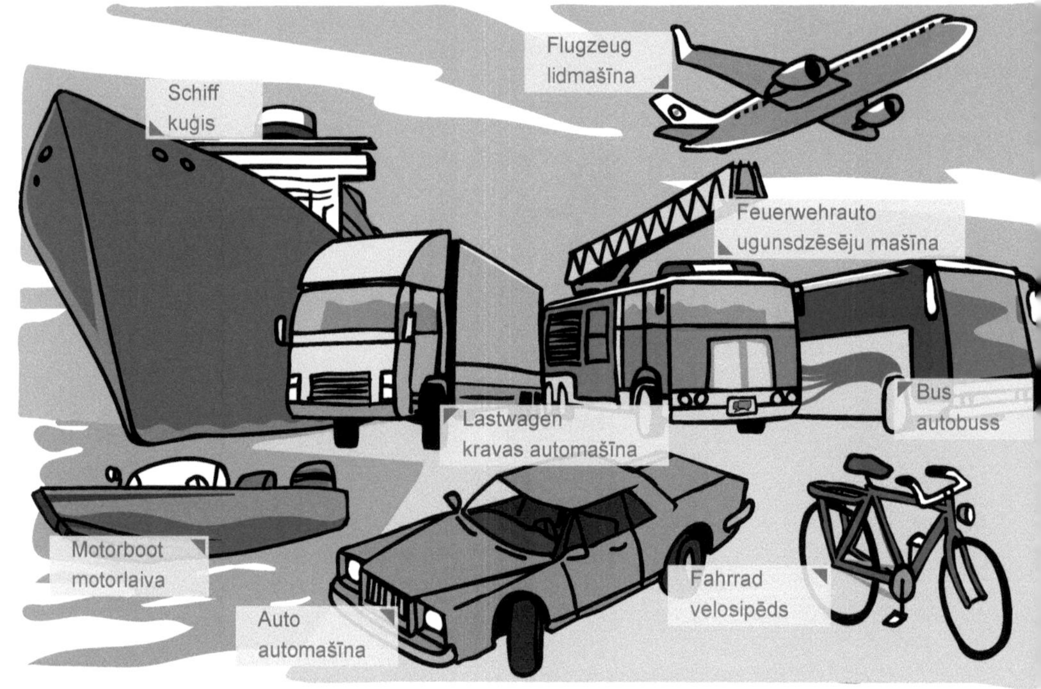
Flugzeug
lidmašīna
Schiff
kuģis
Feuerwehrauto
ugunsdzēsēju mašīna
Bus
autobuss
Lastwagen
kravas automašīna
Motorboot
motorlaiva
Fahrrad
velosipēds
Auto
automašīna

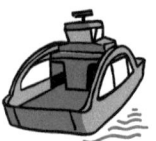

Fähre

prāmis

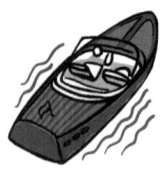

Boot

laiva

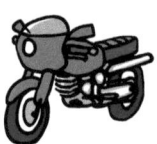

Motorrad

motocikls

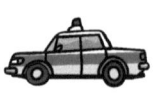

Polizeiauto

policijas automašīna

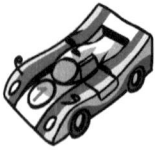

Rennauto

sacīkšu automobilis

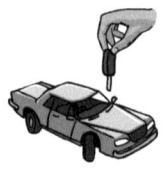

Mietwagen

nomas auto

Carsharing

auto koplietošana

Abschleppwagen

evakuators

Müllauto

atkritumu mašīna

Motor

dzinējs

Kraftstoff

benzīns

Tankstelle

degvielas uzpildes stacija

Verkehrsschild

ceļa zīme

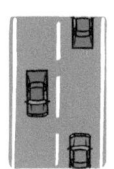

Verkehr

satiksme

Stau

sastrēgums

Parkplatz

stāvvieta

Bahnhof

dzelzceļa stacija

Schienen

sliedes

Zug

vilciens

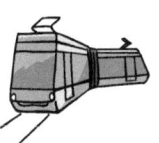

Straßenbahn

tramvajs

Wagon

vagons

Helikopter

helikopters

Flughafen

lidosta

Tower

tornis

Passagier

pasažieris

Container

konteiners

Karton

kaste

Karren

ratiņi

Korb

grozs

starten / landen

pacelties / nosēsties

Stadt

pilsēta

Dorf

ciems

Stadtzentrum

pilsētas centrs

Haus

māja

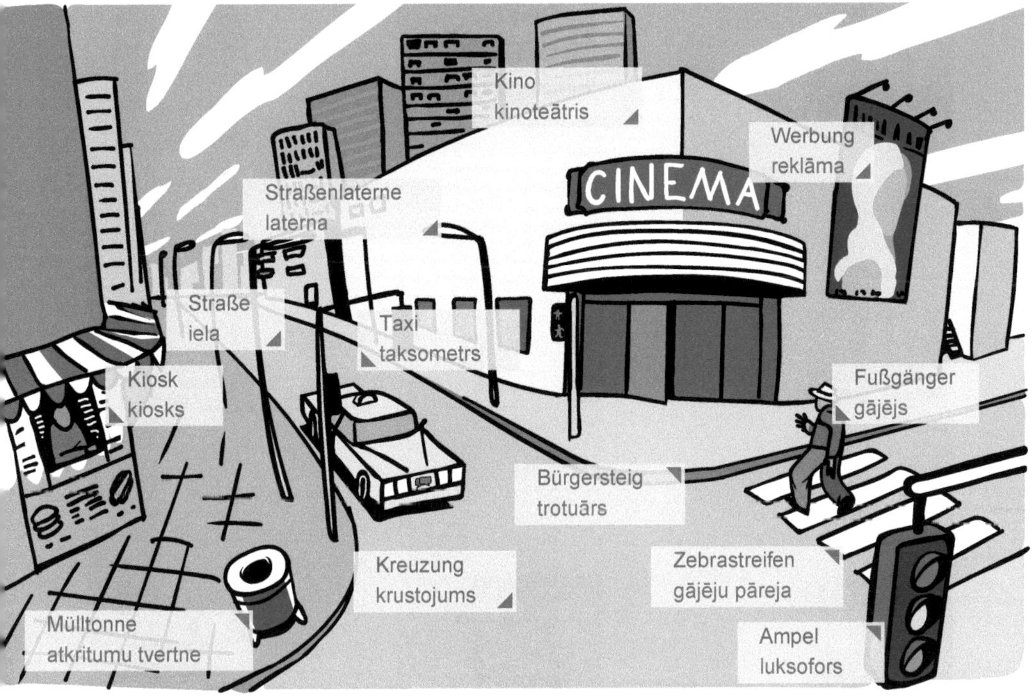

Kino
kinoteātris

Werbung
reklāma

Straßenlaterne
laterna

CINEMA

Straße
iela

Taxi
taksometrs

Kiosk
kiosks

Fußgänger
gājējs

Bürgersteig
trotuārs

Kreuzung
krustojums

Zebrastreifen
gājēju pāreja

Mülltonne
atkritumu tvertne

Ampel
luksofors

Hütte

būda

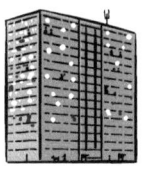

Wohnung

dzīvoklis

Bahnhof

dzelzceļa stacija

Rathaus

rātsnams

Museum

muzejs

Schule

skola

Universität

universitāte

Bank

banka

Krankenhaus

slimnīca

Hotel

viesnīca

Apotheke

aptieka

Büro

birojs

Buchhandlung

grāmatnīca

Geschäft

veikals

Blumenladen

ziedu veikals

Supermarkt

lielveikals

Markt

tirgus

Kaufhaus

tirdzniecības centrs

Fischhändler

zivju tirgotājs

Einkaufszentrum

tirdzniecības centrs

Hafen

osta

Park

parks

Bank

sols

Brücke

tilts

Treppe

kāpnes

U-Bahn

metro

Tunnel

tunelis

Bushaltestelle

autobusa pieturvieta

Bar

bārs

Restaurant

restorāns

Briefkasten

pastkastīte

Straßenschild

ielas nosaukuma plāksne

Parkuhr

stāvlaika skaitītājs

Zoo

zooloģiskais dārzs

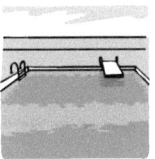

Badeanstalt

peldbaseins

Moschee

mošeja

Bauernhof

zemnieku saimniecība

Umweltverschmutzung

vides piesārņojums

Friedhof

kapsēta

Kirche

baznīca

Spielplatz

spēļu laukums

Tempel

templis

Landschaft
ainava

Blatt
lapa

Wegweiser
ceļrādis

Weg
ceļš

Wiese
pļava

Stein
akmens

Baum
koks

Wanderer
ceļotājs

Fluss
upe

Gras
zāle

Blume
puķe

Tal

ieleja

Berg

kalns

See

ezers

Wald

mežs

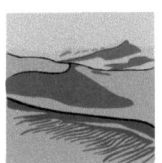

Wüste

tuksnesis

Vulkan

vulkāns

Schloss

pils

Regenbogen

varavīksne

Pilz

sēne

Palme

palma

Moskito

moskīts

Fliege

muša

Ameise

skudra

Biene

bite

Spinne

zirneklis

Käfer

vabole

Frosch

varde

Eichhörnchen

vāvere

Igel

ezis

Hase

zaķis

Eule

pūce

Vogel

putns

Schwan

gulbis

Wildschwein

meža cūka

Hirsch

briedis

Elch

alnis

Staudamm

aizsprosts

Windrad

vēja ģenerators

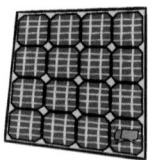

Solarmodul

saules baterija

Klima

klimats

Restaurant
restorāns

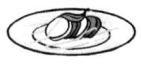

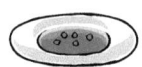

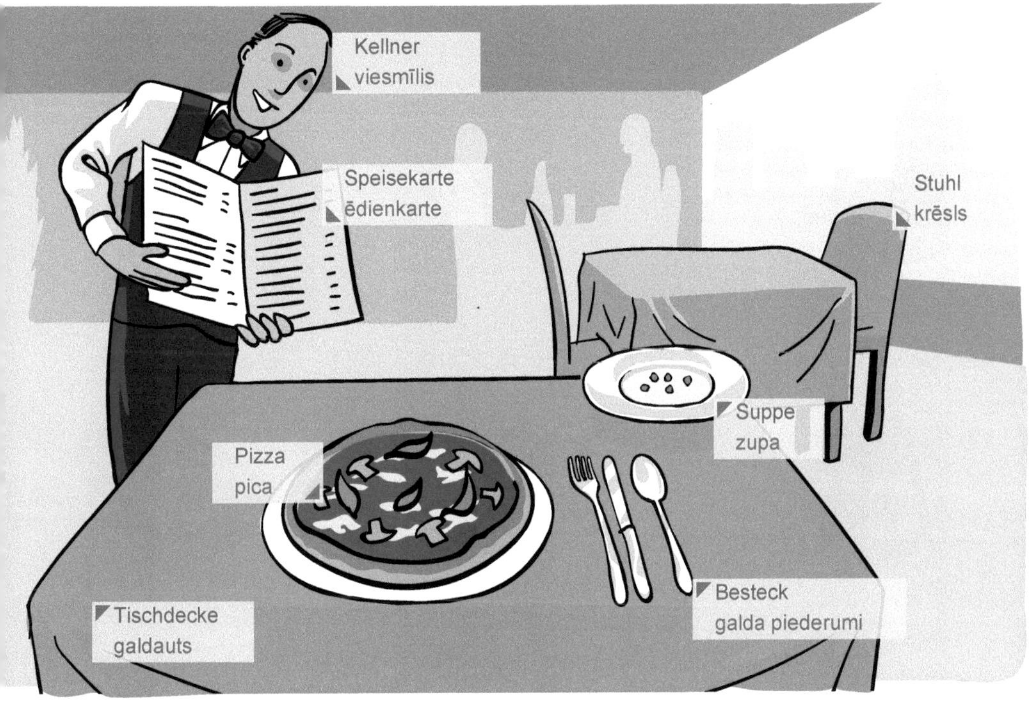

Kellner
viesmīlis
Speisekarte
ēdienkarte
Stuhl
krēsls
Suppe
zupa
Pizza
pica
Besteck
galda piederumi
Tischdecke
galdauts

Vorspeise
uzkoda

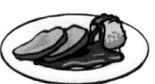

Hauptgericht
pamatēdiens

Nachspeise
deserts

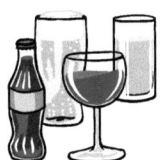

Getränke
dzērieni

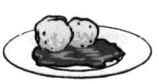

Essen
ēdiens

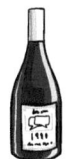

Flasche
pudele

Fastfood

ātrās uzkodas

Streetfood

ielu uzkodas

Teekanne

tējkanna

Zuckerdose

cukurtrauks

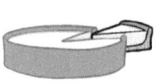

Portion

porcija

Espressomaschine

espresso kafijas automāts

Hochstuhl

bāra krēsls

Rechnung

rēķins

Tablett

paplāte

Messer

nazis

Gabel

dakša

Löffel

karote

Teelöffel

tējkarote

Serviette

salvete

Glas

glāze

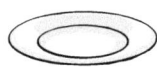

Teller

šķīvis

Suppenteller

zupas šķīvis

Untertasse

apakštase

Sauce

mērce

Salzstreuer

sāls trauciņš

Pfeffermühle

piparu dzirnaviņas

Essig

etiķis

Öl

eļļa

Gewürze

garšvielas

Ketchup

kečups

Senf

sinepes

Mayonnaise

majonēze

Supermarkt
lielveikals

Angebot
piedāvājums
FOR
Kunde
klients
Milchprodukte
piena produkti
Obst
augļi
Einkaufswagen
iepirkumu ratiņi

BUTCHERS

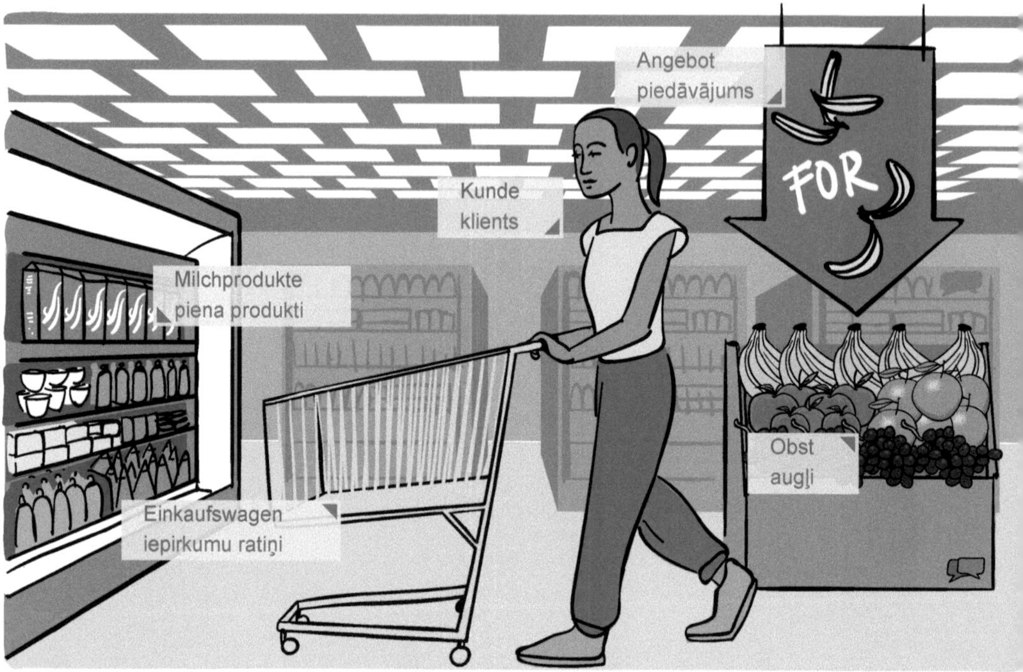

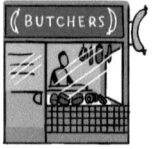

Schlachterei
kautuve

BAKERY

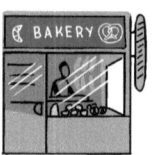

Bäckerei
maizes veikals

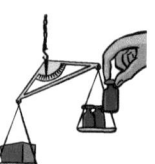

wiegen
svērt

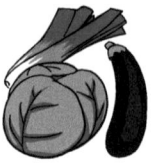

Gemüse
dārzeņi

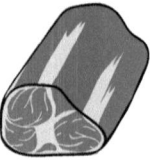

Fleisch
gaļa

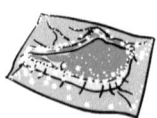

Tiefkühlkost
saldēti produkti

Aufschnitt

aukstās gaļas uzkodas

Konserven

konservi

Waschmittel

pulveris

Süßigkeiten

saldumi

Haushaltsartikel

mājsaimniecības preces

Reinigungsmittel

tīrīšanas līdzeklis

Verkäuferin

pārdevēja

Kasse

kase

Kassierer

kasieris

Einkaufsliste

iepirkumu saraksts

Öffnungszeiten

darba laiks

Brieftasche

maks

Kreditkarte

kredītkarte

Tasche

soma

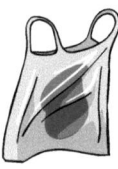

Plastiktüte

maisiņš

Wasser

ūdens

Saft

sula

Milch

piens

Cola

kola

Wein

vīns

Bier

alus

Alkohol

alkohols

Kakao

kakao

Tee

tēja

Kaffee

kafija

Espresso

espresso

Cappuccino

kapučīno

Banane

banāns

Apfel

ābols

Orange

apelsīns

Melone

melone

Zitrone

citrons

Karotte

burkāns

Knoblauch

ķiploks

Bambus

bambuss

Zwiebel

sīpols

Pilz

sēne

Nüsse

rieksti

Nudeln

makaroni

Spaghetti

spageti

Reis

rīsi

Salat

salāti

Pommes frites

frī kartupeļi

Bratkartoffeln

cepti kartupeļi

Pizza

pica

Hamburger

hamburgers

Sandwich

sviestmaize

Schnitzel

šnicele

Schinken

šķiņķis

Salami

salami

Wurst

desa

Huhn

vista

Braten

cepetis

Fisch

zivs

Haferflocken

auzu pārslas

Müsli

muslis

Cornflakes

brokastu pārslas

Mehl

milti

Croissant

radziņš

Brötchen

brokastu maizītes

Brot

maize

Toast

tostermaize

Kekse

cepumi

Butter

sviests

Quark

biezpiens

Kuchen

kūka

Ei

ola

Spiegelei

cepta ola

Käse

siers

Eiscreme

saldējums

Zucker

cukurs

Honig

medus

Marmelade

marmelāde

Nougat-Creme

riekstu krēms

Curry

karijs

Bauernhof
zemnieku saimniecība

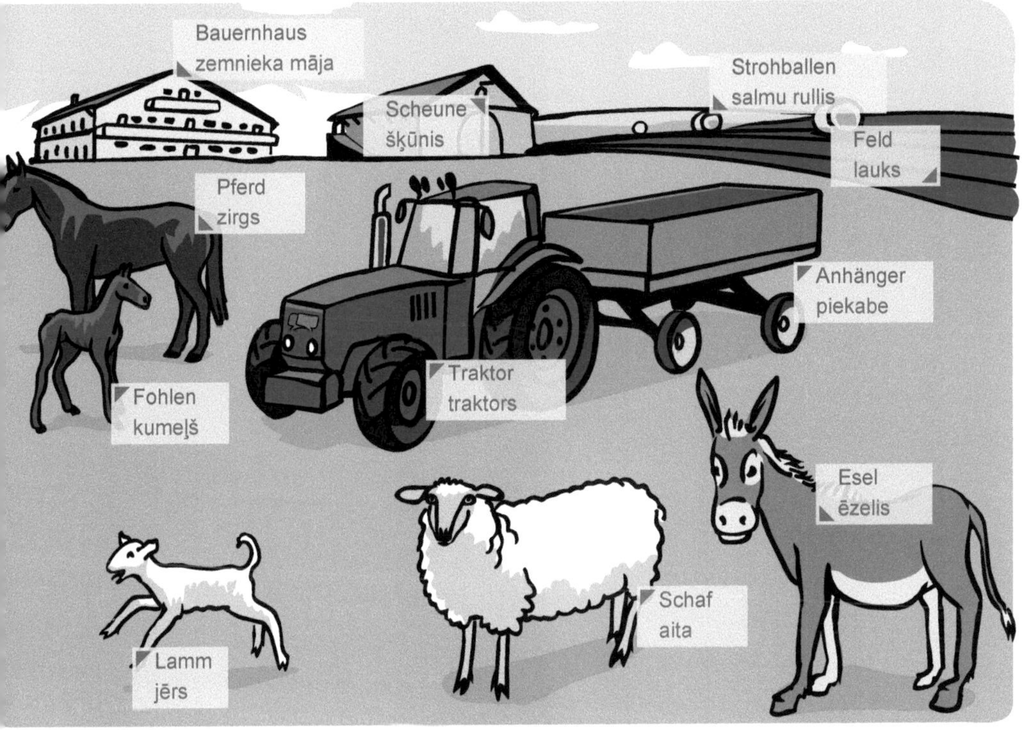

Bauernhaus
zemnieka māja
Scheune
šķūnis
Strohballen
salmu rullis
Feld
lauks
Pferd
zirgs
Anhänger
piekabe
Traktor
traktors
Fohlen
kumeļš
Esel
ēzelis
Schaf
aita
Lamm
jērs

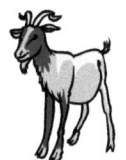

Ziege
....
kaza

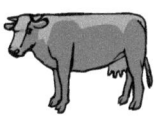

Kuh
....
govs

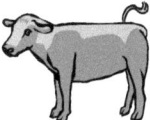

Kalb
....
teļš

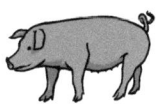

Schwein
....
cūka

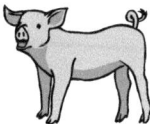

Ferkel
....
sivēns

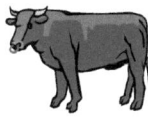

Bulle
....
bullis

Gans

zoss

Ente

pīle

Küken

cālis

Huhn

vista

Hahn

gailis

Ratte

žurka

Katze

kaķis

Maus

pele

Ochse

vērsis

Hund

suns

Hundehütte

suņa būda

Gartenschlauch

dārza šļūtene

Gießkanne

lejkanna

Sense

izkapts

Pflug

arkls

Sichel

sirpis

Hacke

kaplis

Mistgabel

mēslu dakša

Axt

cirvis

Schubkarre

ķerra

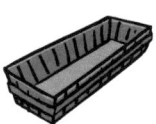

Trog

sile

Milchkanne

piena kanna

Sack

maiss

Zaun

žogs

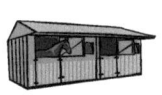

Stall

kūts

Treibhaus

siltumnīca

Boden

augsne

Saat

sēklas

Dünger

mēslojums

Mähdrescher

kombains

ernten

novākt ražu

Ernte

raža

Yamswurzel

jamss

Weizen

kvieši

Soja

soja

Kartoffel

kartupelis

Mais

kukurūza

Raps

rapsis

Obstbaum

augļu koks

Maniok

manioka

Getreide

labība

Haus
māja

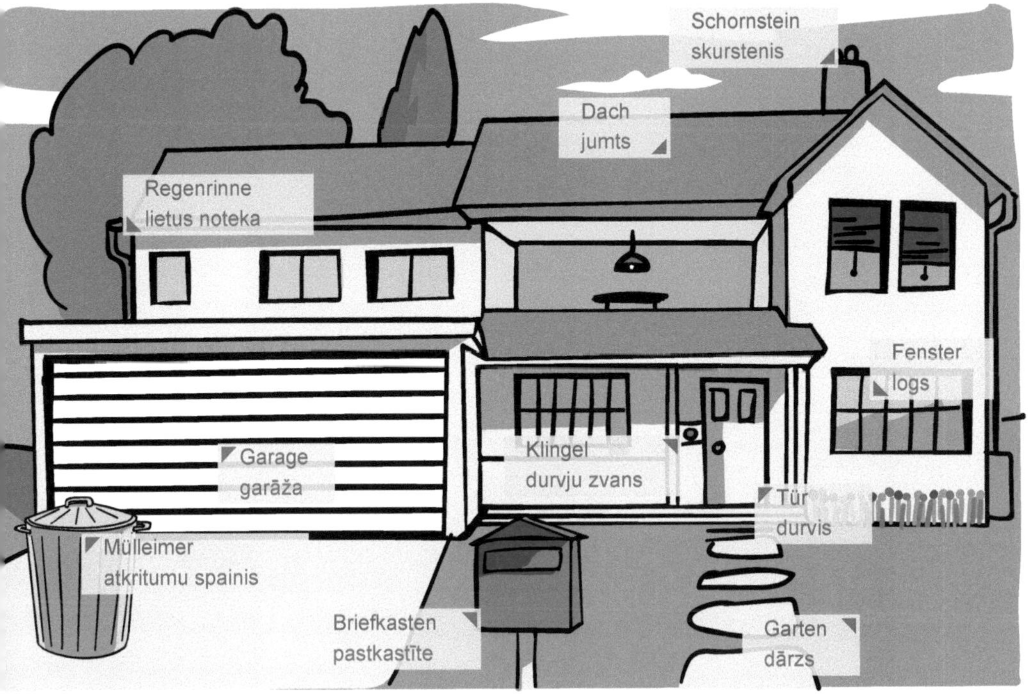
Schornstein
skurstenis
Dach
jumts
Regenrinne
lietus noteka
Fenster
logs
Garage
garāža
Klingel
durvju zvans
Tür
durvis
Mülleimer
atkritumu spainis
Briefkasten
pastkastīte
Garten
dārzs

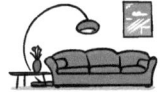

Wohnzimmer

viesistaba

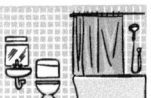

Badezimmer

vannas istaba

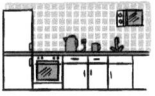

Küche

virtuve

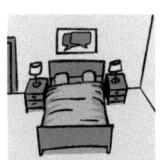

Schlafzimmer

guļamistaba

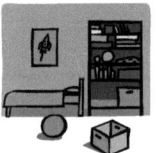

Kinderzimmer

bērnu istaba

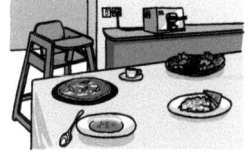

Esszimmer

ēdamistaba

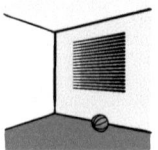

Boden
grīda

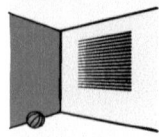

Wand
siena

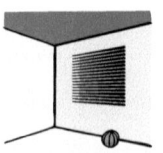

Decke
griesti

Keller
pagrabs

Sauna
sauna

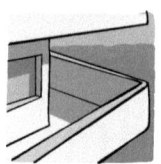

Balkon
balkons

Terrasse
terase

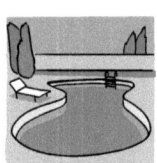

Schwimmbad
baseins

Rasenmäher
zāles pļāvējs

Bettbezug
gultas veļa

Bettdecke
sega

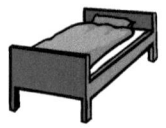

Bett
gulta

Besen
slota

Eimer
spainis

Schalter
slēdzis

Wohnzimmer

viesistaba

Tapete
tapetes
Bild
attēls
Lampe
lampa
Regal
plaukts
Schrank
skapis
Fernseher
televizors
Kamin
kamīns
Blume
puķe
Kissen
spilvens
Sofa
dīvāns
Vase
vāze
Fernbedienung
tālvadības pults

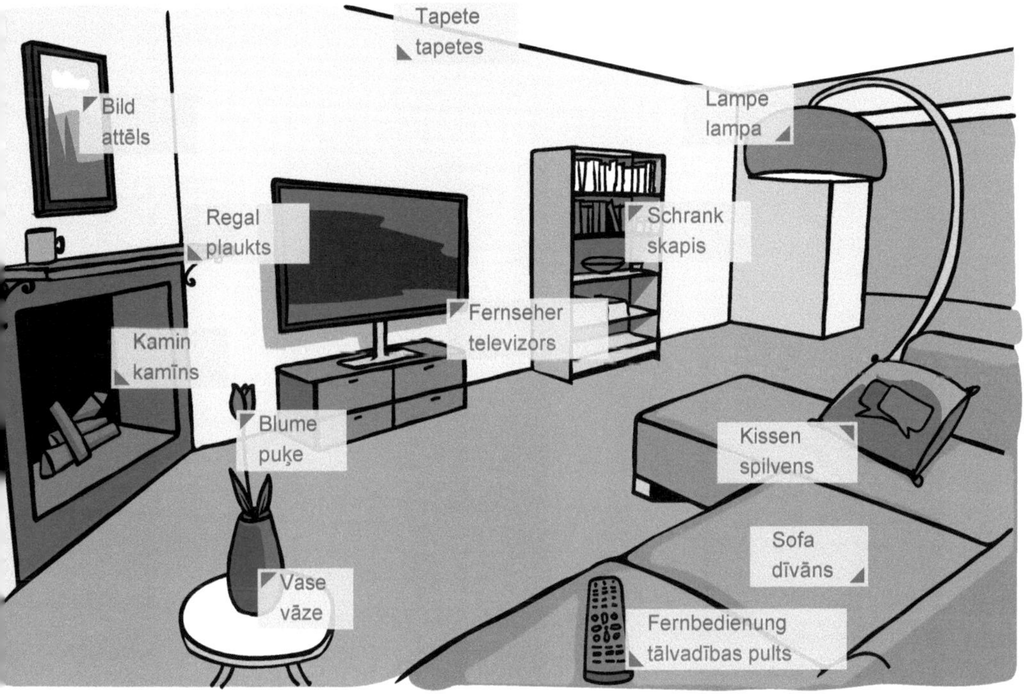

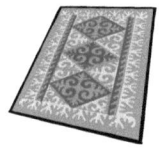

Teppich

paklājs

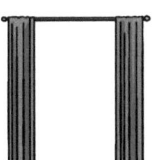

Vorhang

aizkars

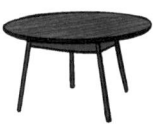

Tisch

galds

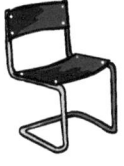

Stuhl

krēsls

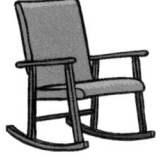

Schaukelstuhl

šūpuļkrēsls

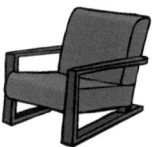

Sessel

atpūtas krēsls

Buch

grāmata

Decke

sega

Dekoration

dekorācija

Feuerholz

malka

Film

filma

Stereoanlage

mūzikas centrs

Schlüssel

atslēga

Zeitung

avīze

Gemälde

glezna

Poster

plakāts

Radio

radio

Notizblock

pierakstu blociņš

Staubsauger

putekļu sūcējs

Kaktus

kaktuss

Kerze

svece

Küche
virtuve

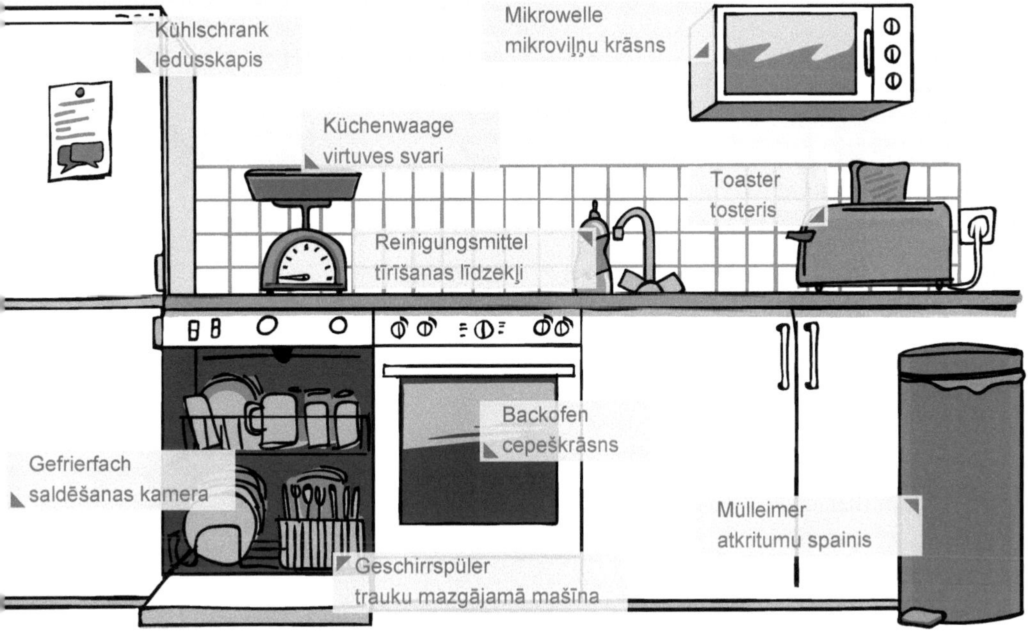

Kühlschrank
ledusskapis
Mikrowelle
mikroviļņu krāsns
Küchenwaage
virtuves svari
Toaster
tosteris
Reinigungsmittel
tīrīšanas līdzekļi
Backofen
cepeškrāsns
Gefrierfach
saldēšanas kamera
Mülleimer
atkritumu spainis
Geschirrspüler
trauku mazgājamā mašīna

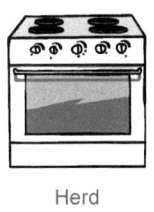

Herd

plīts

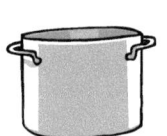

Topf

pods

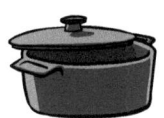

Eisentopf

katls

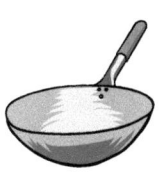

Wok / Kadai

Wok panna

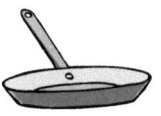

Pfanne

panna

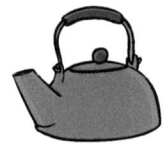

Wasserkocher

elektriskā tējkanna

Dampfgarer

tvaika katls

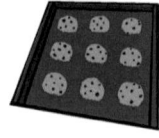

Backblech

cepešpanna

Geschirr

trauki

Becher

krūze

Schale

bļoda

Essstäbchen

irbulīši

Suppenkelle

kauss

Pfannenwender

lāpstiņa

Schneebesen

putošanas slotiņa

Kochsieb

sietiņš

Sieb

siets

Reibe

rīve

Mörser

piesta

Grill

grilēt

Feuerstelle

atklāts pavards

Schneidebrett

dēlis

Nudelholz

mīklas rullis

Korkenzieher

korķu vilķis

Dose

bundža

Dosenöffner

konservu nazis

Topflappen

virtuves cimdi

Waschbecken

izlietne

Bürste

birste

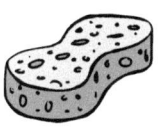

Schwamm

sūklis

Mixer

mikseris

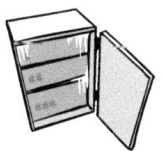

Gefriertruhe

saldētava

Babyflasche

bērna pudelīte

Wasserhahn

ūdenskrāns

Badezimmer

vannas istaba

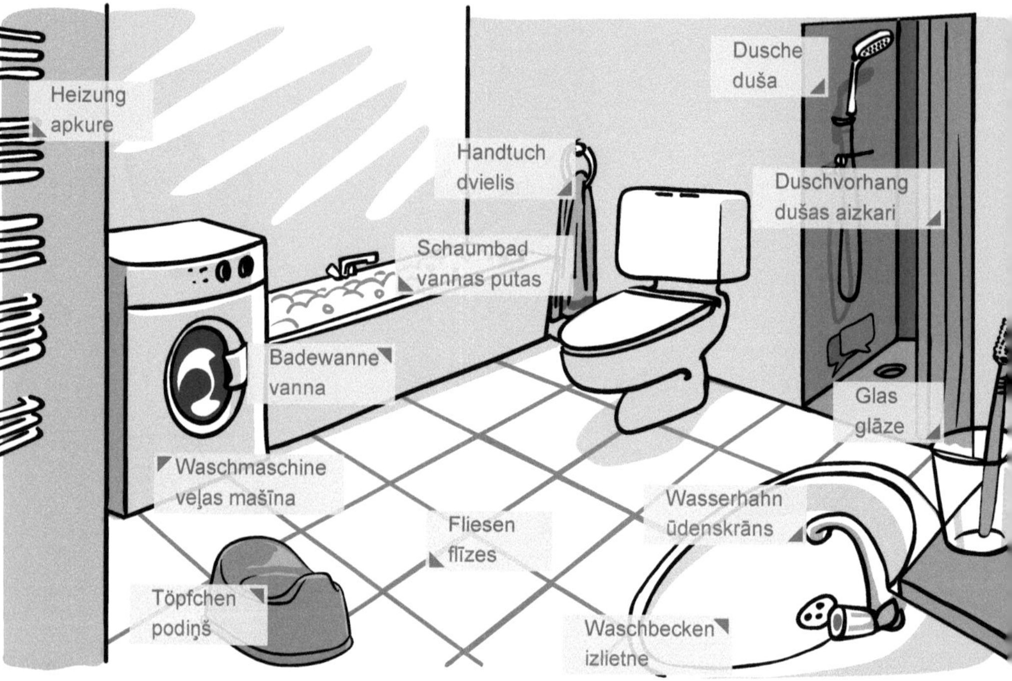

Heizung
apkure
Handtuch
dvielis
Schaumbad
vannas putas
Dusche
duša
Duschvorhang
dušas aizkari
Badewanne
vanna
Waschmaschine
veļas mašīna
Fliesen
flīzes
Glas
glāze
Wasserhahn
ūdenskrāns
Töpfchen
podiņš
Waschbecken
izlietne

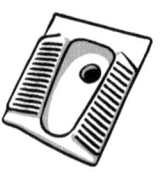

Toilette

tualetes pods

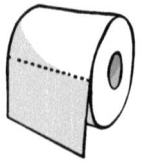

Hocktoilette

Āzijas tipa tualete

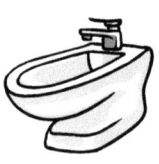

Bidet

bidē

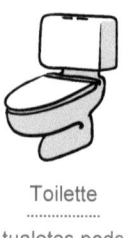

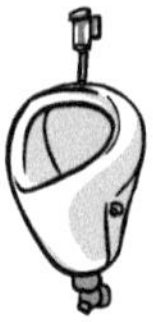

Pissoir

pisuārs

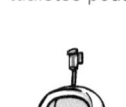

Toilettenpapier

tualetes papīs

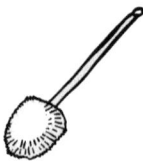

Toilettenbürste

tualetes birste

Zahnbürste

zobu birste

Zahnpasta

zobu pasta

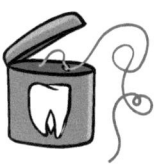

Zahnseide

zobu diegs

waschen

mazgāt

Handbrause

rokas duša

Intimdusche

duša

Waschschüssel

bļoda

Rückenbürste

muguras mazgāšanas birste

Seife

ziepes

Duschgel

dušas želeja

Shampoo

šampūns

Waschlappen

mazgāšanas drāna

Abfluss

noteka

Creme

krēms

Deodorant

dezodorants

Spiegel

spogulis

Kosmetikspiegel

spogulītis

Rasierer

skuveklis

Rasierschaum

skūšanās putas

Rasierwasser

losjons pēc skūšanās

Kamm

ķemme

Bürste

matu suka

Föhn

matu fēns

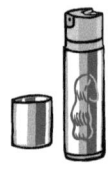

Haarspray

matu laka

Makeup

grima komplekts

Lippenstift

lūpu krāsa

Nagellack

nagulaka

Watte

vate

Nagelschere

šķērītis

Parfum

smaržas

Kulturbeutel

kosmētikas maks

Hocker

ķeblītis

Waage

svari

Bademantel

halāts

Gummihandschuhe

tīrīšanas cimdi

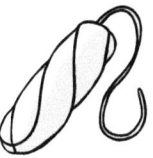

Tampon

tampons

Damenbinde

pakete

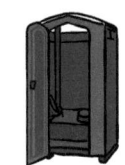

Chemietoilette

ķīmiskā tualete

Kinderzimmer
bērnu istaba

Wecker
modinātājs
Kuscheltier
mīkstā rotaļlieta
Spielzeugauto
spēļu automašīna
Rassel
grabulis
Puppenhaus
leļļu māja
Geschenk
dāvana

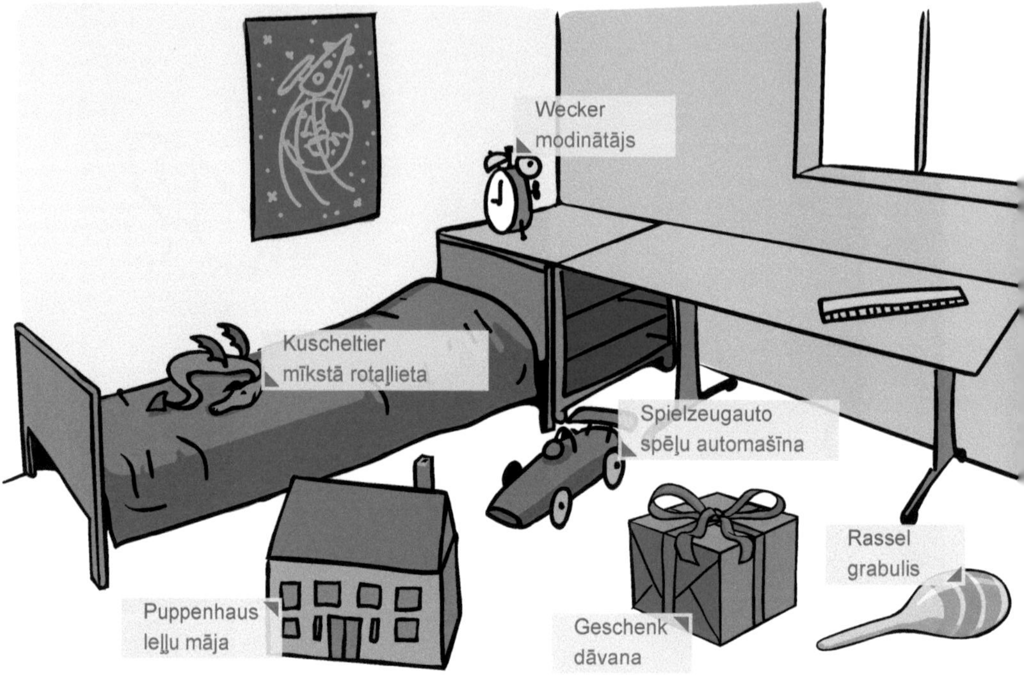

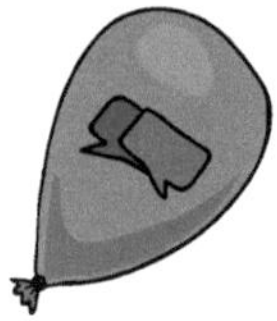

Ballon
balons

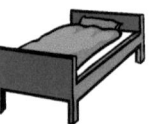

Bett
gulta

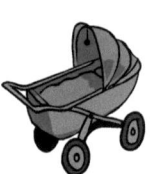

Kinderwagen
bērnu ratiņi

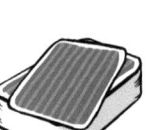

Kartenspiel
kārtis

Puzzle
puzle

SUPER
MEGA

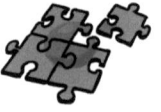

Comic
komikss

Legosteine

LEGO klucīši

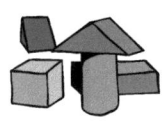

Bausteine

klucīši

Action Figur

varoņu figūra

Strampelanzug

rāpulītis

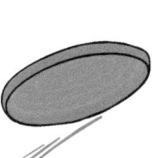

Frisbee

lidojošais šķīvītis

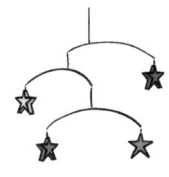

Mobile

muzikālais karuselis

Brettspiel

galda spēle

Würfel

metamais kauliņš

Modelleisenbahn

rotaļu dzelzceļš

Schnuller

māneklis

Party

ballīte

Bilderbuch

bilžu grāmata

Ball

bumba

Puppe

lelle

spielen

spēlēt

Sandkasten

smilšu kaste

Schaukel

šūpoles

Spielzeug

rotaļlietas

Spielkonsole

spēļu konsole

Dreirad

trīsritenis

Teddy

plīša lācītis

Kleiderschrank

drēbju skapis

Kleidung

apģērbs

Socken

īszeķes

Strümpfe

zeķes

Strumpfhose

zeķbikses

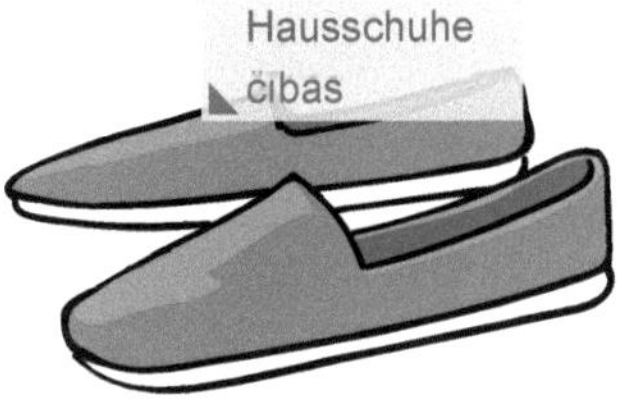

Schal
šalle

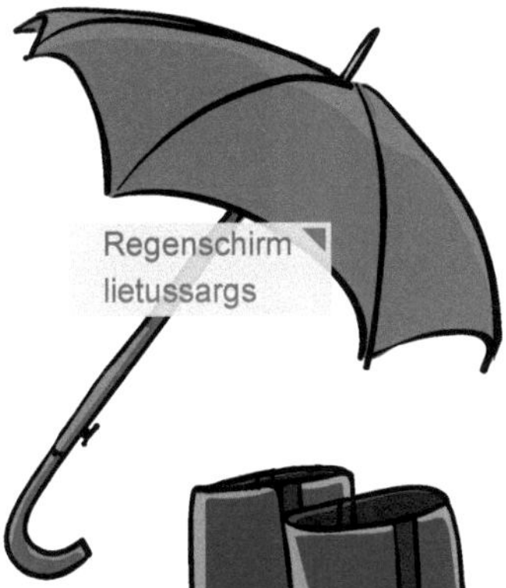

Regenschirm
lietussargs

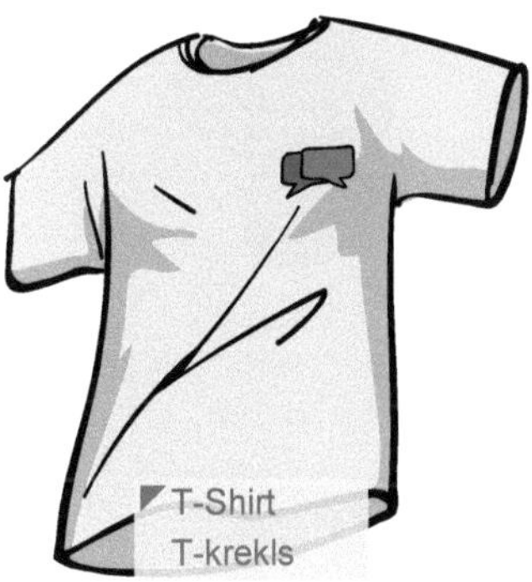

T-Shirt
T-krekls

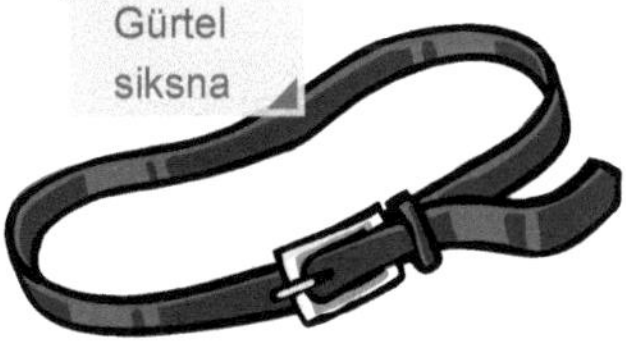

Gürtel
siksna

Stiefel
zābaks

Hausschuhe
čibas

Turnschuhe
botas

Sandalen
....
sandales

Schuhe
....
kurpes

Gummistiefel
....
gumijas zābaki

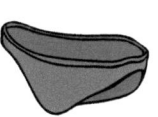

Unterhose
....
apakšbikses

Büstenhalter
....
krūšturis

Unterhemd
....
apakškrekls

Body
bodijs

Hose
bikses

Jeans
džinsi

Rock
svārki

Bluse
blūze

Hemd
krekls

Pullover
pulovers

Kapuzenpullover
džemperis

Blazer
žakete

Jacke
jaka

Mantel
mētelis

Regenmantel
lietus mētelis

Kostüm
kostīms

Kleid
kleita

Hochzeitskleid
kāzu kleita

Anzug

uzvalks

Nachthemd

naktskrekls

Schlafanzug

pidžama

Sari

sari

Kopftuch

lakats

Turban

turbāns

Burka

burka

Kaftan

kaftāns

Abaya

abaja

Badeanzug

peldkostīms

Badehose

peldbikses

Kurze Hose

šorti

Trainingsanzug

treniņtērps

Schürze

priekšauts

Handschuhe

cimdi

Knopf

poga

Brille

brilles

Armband

rokassprādze

Halskette

kaklarota

Ring

gredzens

Ohrring

auskars

Mütze

cepure

Kleiderbügel

drēbju pakaramais

Hut

platmale

Krawatte

kaklasaite

Reißverschluss

rāvējslēdzējs

Helm

ķivere

Hosenträger

bikšturi

Schuluniform

skolas forma

Uniform

uniforma

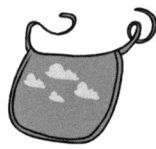

Lätzchen

priekšautiņš

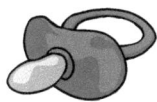

Schnuller

māneklis

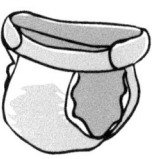

Windel

autiņbiksītes

Büro
birojs

Server
serveris
Aktenschrank
dokumentu skapis
Drucker
printeris
Papier
papīrs
Monitor
monitors
Maus
pele
Schreibtisch
rakstāmgalds
Ordner
dokumentu vāki
Tastatur
klaviatūra
Papierkorb
papīrgrozs
Computer
dators
Stuhl
krēsls

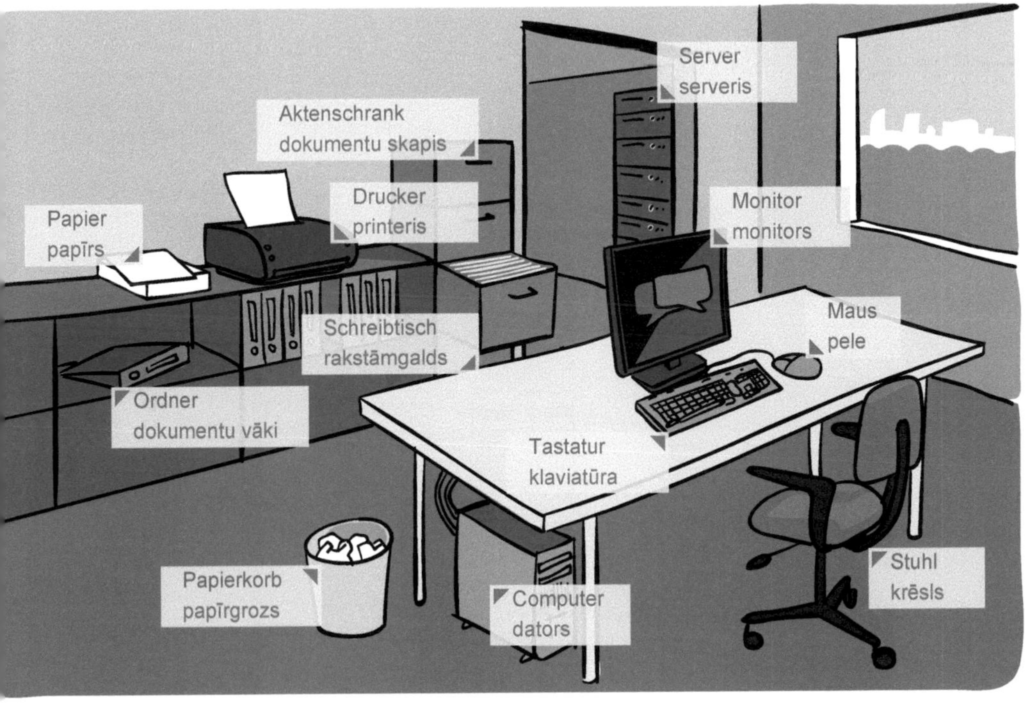

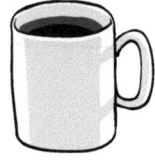

Kaffeebecher

kafijas krūze

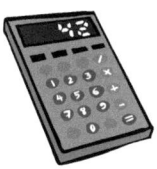

Taschenrechner

kalkulators

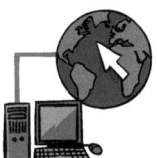

Internet

internets

Laptop

portatīvais dators

Brief

vēstule

Nachricht

ziņa

Handy

mobilais tālrunis

Netzwerk

tīkls

Kopierer

kopētājs

Software

programmatūra

Telefon

telefons

Steckdose

rozete

Fax

faksa aparāts

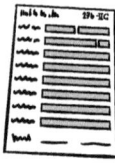

Formular

formulārs

Dokument

dokuments

kaufen

pirkt

bezahlen

samaksāt

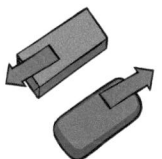

handeln

tirgot

Geld

nauda

 **USD**

Dollar

dolārs

 **EUR**

Euro

eiro

 **JPY**

Yen

jēna

 **RUB**

Rubel

rublis

 **CHF**

Franken

franks

 **CNY**

Renminbi Yuan

juaņa renminbi

 **INR**

Rupie

rūpija

Geldautomat

bankomāts

Wechselstube

valūtas maiņas punkts

Gold

zelts

Silber

sudrabs

Öl

nafta

Energie

enerģija

Preis

cena

Vertrag

līgums

Steuer

nodoklis

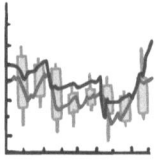

Aktie

akcija

arbeiten

strādāt

Angestellter

darbinieks

Arbeitgeber

darba devējs

Fabrik

fabrika

Geschäft

veikals

Berufe
profesijas

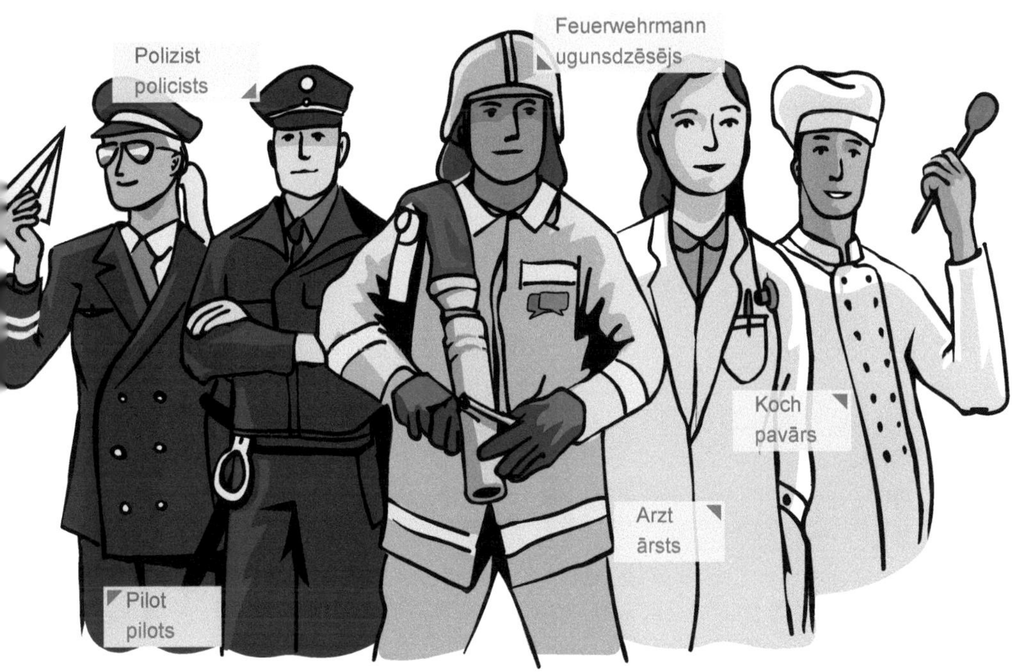
Polizist
policists
Feuerwehrmann
ugunsdzēsējs
Koch
pavārs
Arzt
ārsts
Pilot
pilots

Gärtner

dārznieks

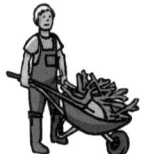

Tischler

galdnieks

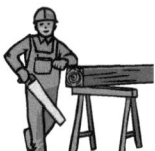

Näherin

šuvēja

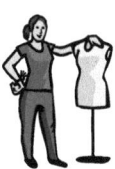

Richter

tiesnesis

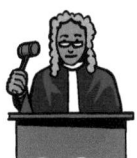

Chemiker

ķīmiķis

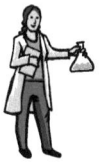

Schauspieler

aktieris

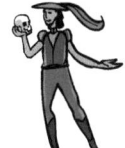

Busfahrer

autobusa vadītājs

Taxifahrer

taksometra vadītājs

Fischer

zvejnieks

Putzfrau

apkopēja

Dachdecker

jumiķis

Kellner

viesmīlis

Jäger

mednieks

Maler

gleznotājs

Bäcker

maiznieks

Elektriker

elektriķis

Bauarbeiter

celtnieks

Ingenieur

inženieris

Schlachter

miesnieks

Klempner

skārdnieks

Postbote

pastnieks

Soldat

karavīrs

Architekt

arhitekts

Kassierer

kasieris

Florist

florists

Friseur

frizieris

Schaffner

konduktors

Mechaniker

mehāniķis

Kapitän

kapteinis

Zahnarzt

zobārsts

Wissenschaftler

zinātnieks

Rabbi

rabīns

Imam

imāms

Mönch

mūks

Geistlicher

mācītājs

Werkzeuge
instrumenti

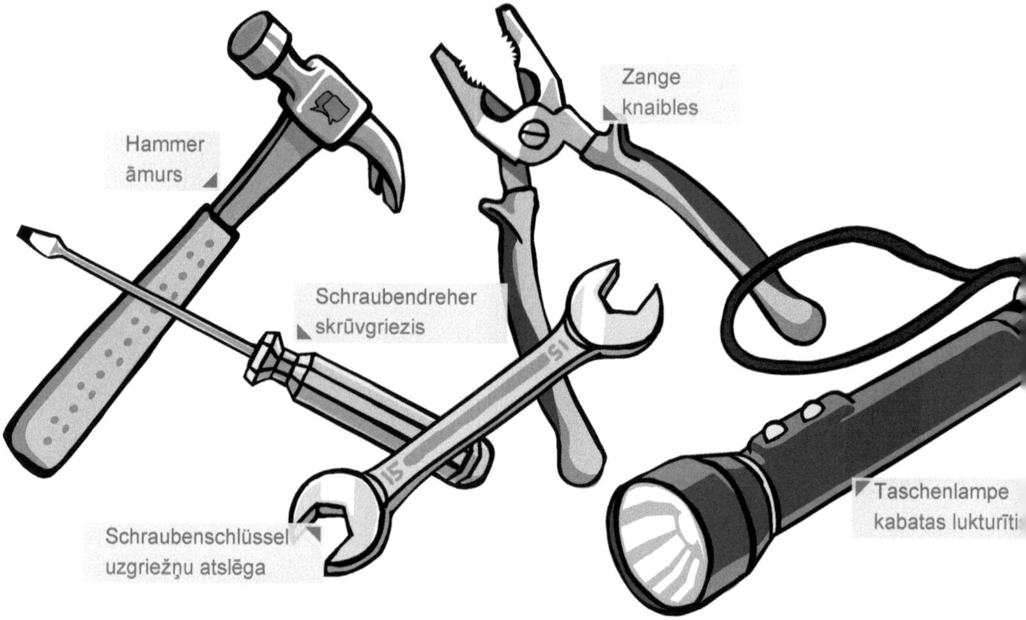
Zange
knaibles
Hammer
āmurs
Schraubendreher
skrūvgriezis
Taschenlampe
kabatas lukturīti
Schraubenschlüssel
uzgriežņu atslēga

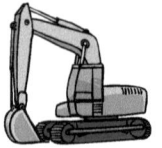

Bagger

ekskavators

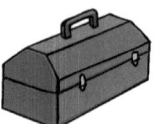

Werkzeugkasten

instrumentu kaste

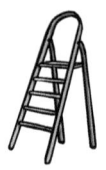

Leiter

kāpnes

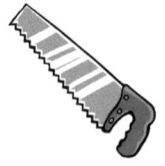

Säge

zāģis

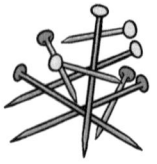

Nägel

naglas

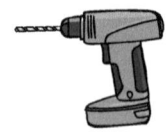

Bohrer

urbis

reparieren

remontēt

Schaufel

lāpsta

Mist!

Velns!

Kehrblech

liekšķere

Farbtopf

krāsas bundža

Schrauben

skrūves

Musikinstrumente
mūzikas instrumenti

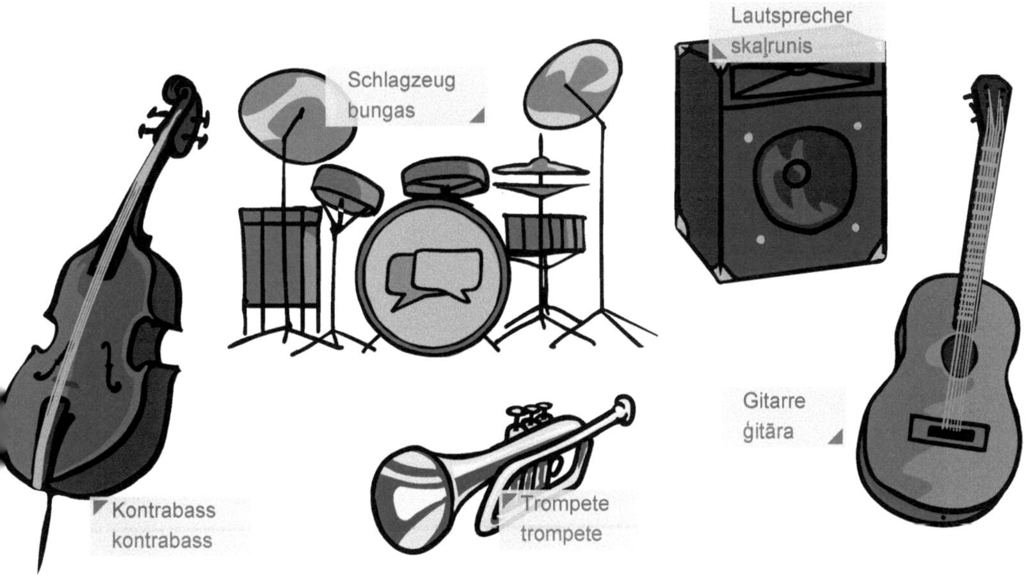

Schlagzeug
bungas

Lautsprecher
skaļrunis

Gitarre
ģitāra

Kontrabass
kontrabass

Trompete
trompete

Klavier

klavieres

Violine

vijole

Bass

bass

Pauke

timpāni

Trommeln

bungas

Keyboard

digitālās klavieres

Saxophon

saksofons

Flöte

flauta

Mikrofon

mikrofons

Zoo

zooloģiskais dārzs

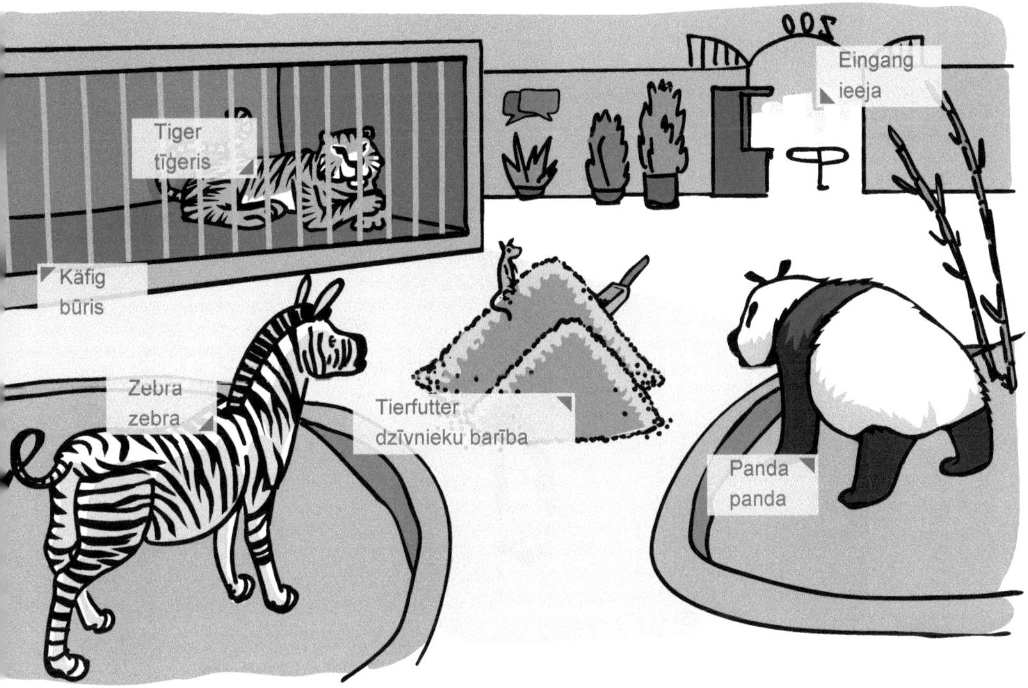

Tiger
tīģeris
Käfig
būris
Eingang
ieeja
Zebra
zebra
Tierfutter
dzīvnieku barība
Panda
panda

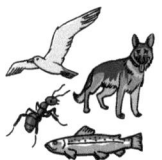

Tiere

dzīvnieki

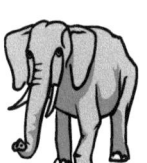

Elefant

zilonis

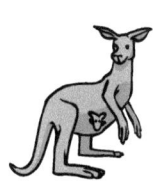

Känguru

ķengurs

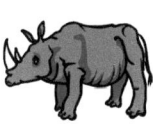

Nashorn

degunradzis

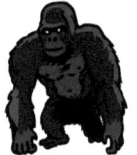

Gorilla

gorilla

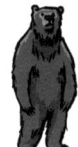

Bär

lācis

Kamel

kamielis

Strauß

strauss

Löwe

lauva

Affe

pērtiķis

Flamingo

flamings

Papagei

papagailis

Eisbär

polārlācis

Pinguin

pingvīns

Hai

haizivs

Pfau

pāvs

Schlange

čūska

Krokodil

krokodils

Zoowärter

zoodārza sargs

Robbe

ronis

Jaguar

jaguārs

Zoo - zooloģiskais dārzs

Pony

ponijs

Leopard

leopards

Nilpferd

nīlzirgs

Giraffe

žirafe

Adler

ērglis

Wildschwein

meža cūka

Fisch

zivs

Schildkröte

bruņurupucis

Walross

valzirgs

Fuchs

lapsa

Gazelle

gazele

American Football
amerikāņu futbols

Radfahren
riteņbraukšana

Tennis
teniss

Basketball
basketbols

Schwimmen
peldēšana

Boxen
bokss

Eishockey
hokejs

Fußball
....
futbols

Badminton
....
badmintons

Leichtathletik
....
vieglatlētika

Handball
....
rokas bumba

Skilaufen
....
slēpošana

Polo
....
polo

lachen
smieties

springen
lēkt

umarmen
apskaut

gehen
iet

singen
dziedāt

träumen
sapņot

beten
lūgt

küssen
skūpstīt

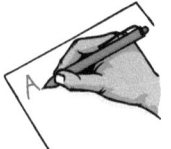

schreiben
rakstīt

zeichnen
zīmēt

zeigen
rādīt

drücken
spiest

geben
dot

nehmen
ņemt

haben

būt

tun

darīt

sein

būt

stehen

stāvēt

laufen

skriet

ziehen

vilkt

werfen

mest

fallen

krist

liegen

gulēt

warten

gaidīt

tragen

nest

sitzen

sēdēt

anziehen

uzģērbt

schlafen

gulēt

aufwachen

pamosties

ansehen	weinen	streicheln
skatīties	raudāt	glāstīt

kämmen	reden	verstehen
ķemmēt	runāt	saprast

fragen	hören	trinken
jautāt	dzirdēt	dzert

essen	aufräumen	lieben
ēst	sakārtot	mīlēt

kochen	fahren	fliegen
vārīt	braukt	lidot

segeln

burot

rechnen

rēķināt

lesen

lasīt

lernen

mācīties

arbeiten

strādāt

heiraten

precēties

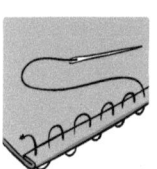

nähen

šūt

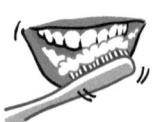

Zähne putzen

tīrīt zobus

töten

nogalināt

rauchen

smēķēt

senden

sūtīt

Familie
ģimene

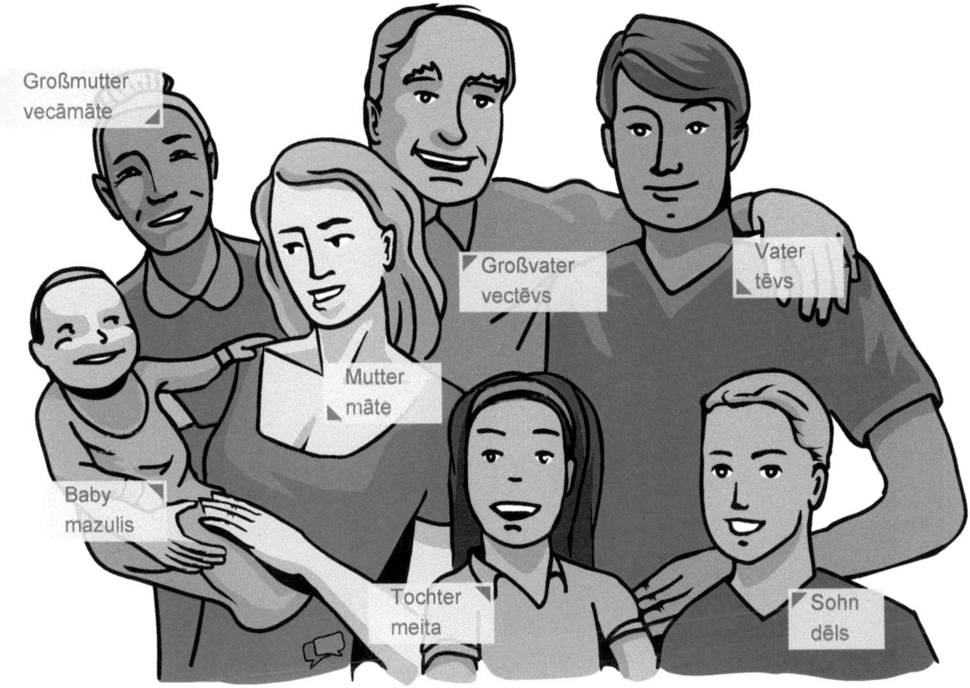

Großmutter
vecāmāte
Großvater
vectēvs
Vater
tēvs
Mutter
māte
Baby
mazulis
Tochter
meita
Sohn
dēls

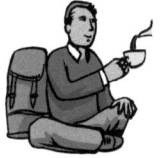

Gast
viesis

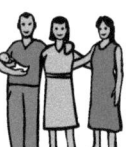

Tante
tante

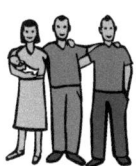

Onkel
onkulis

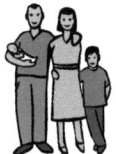

Bruder
brālis

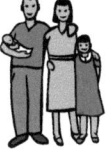

Schwester
māsa

Körper
ķermenis

Stirn
piere
Auge
acs
Schulter
plecs
Finger
pirksts
Gesicht
seja
Kinn
zods
Hand
roka
Bein
kāja
Brust
krūtis
Arm
roka

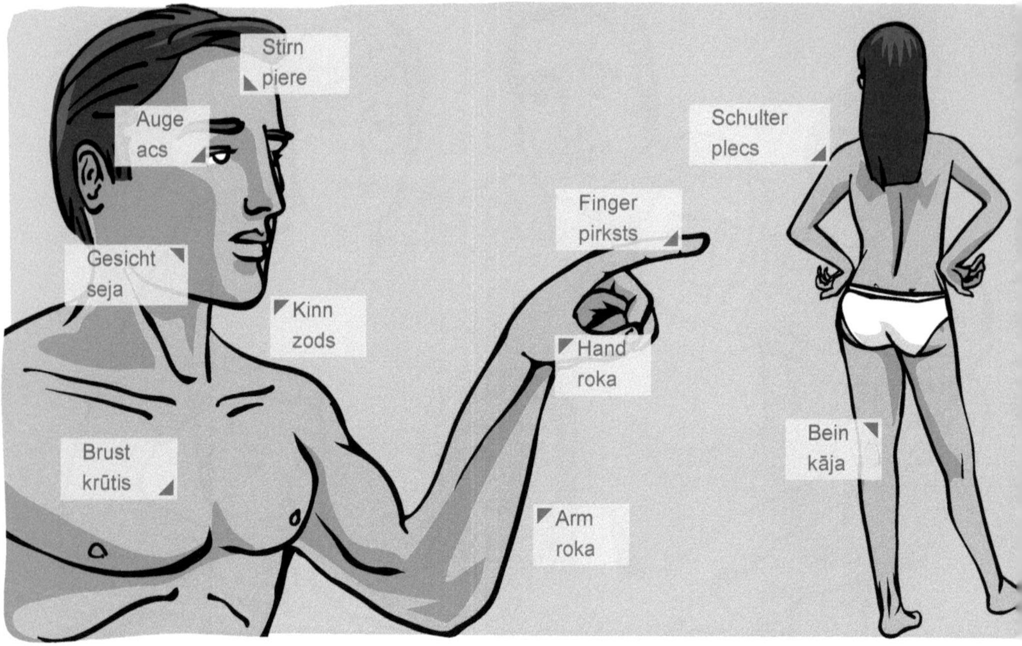

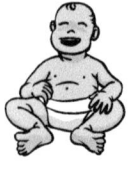

Baby
mazulis

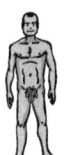

Mann
vīrietis

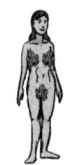

Frau
sieviete

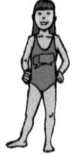

Mädchen
meitene

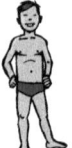

Junge
zēns

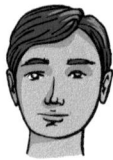

Kopf
galva

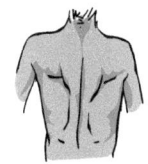	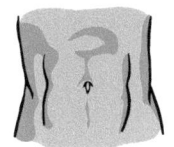	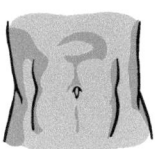
Rücken	Bauch	Nabel
mugura	vēders	naba
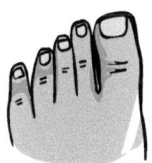	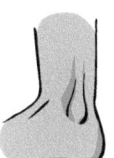	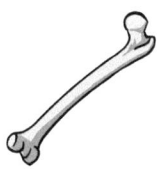
Zeh	Ferse	Knochen
kājas pirksts	papēdis	kauls
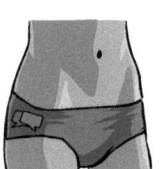		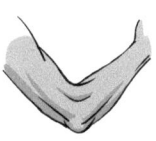
Hüfte	Knie	Ellenbogen
gurns	celis	elkonis
		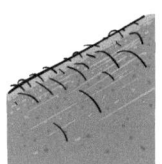
Nase	Gesäß	Haut
deguns	dibens	āda
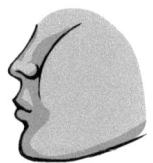	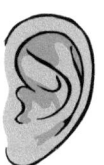	
Wange	Ohr	Lippe
vaigs	auss	lūpa

Mund

mute

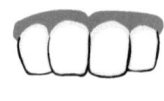

Zahn

zobs

Zunge

mēle

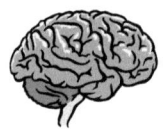

Gehirn

smadzenes

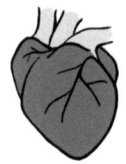

Herz

sirds

Muskel

muskulis

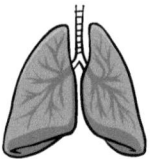

Lunge

plaušas

Leber

aknas

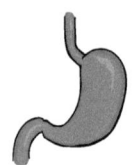

Magen

kuņģis

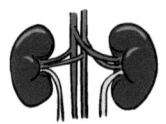

Nieren

nieres

Geschlechtsverkehr

dzimumakts

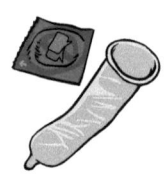

Kondom

kondoms

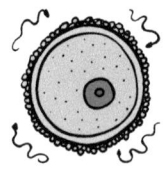

Eizelle

olšūna

Sperma

sperma

Schwangerschaft

grūtniecība

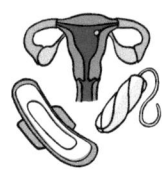

Menstruation

menstruācijas

Vagina

vagīna

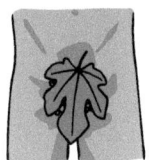

Penis

penis

Augenbraue

uzacs

Haar

mati

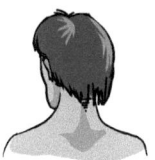

Hals

kakls

Krankenhaus

slimnīca

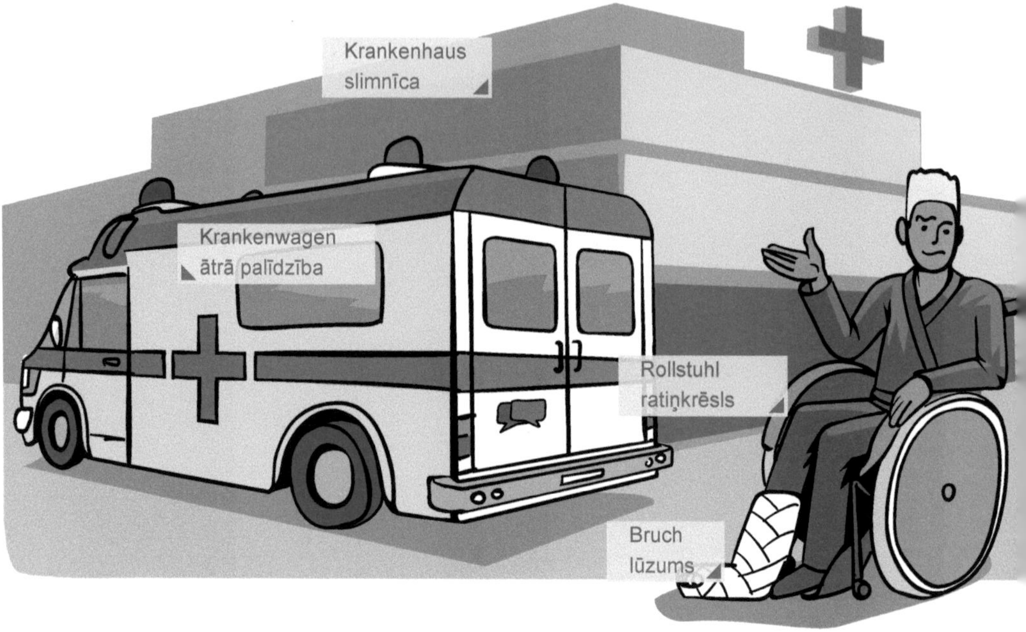

Krankenhaus
slimnīca
Krankenwagen
ātrā palīdzība
Rollstuhl
ratiņkrēsls
Bruch
lūzums

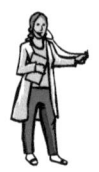

Arzt

ārsts

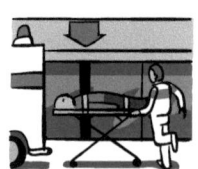

Notaufnahme

neatliekamās palīdzības nodaļa

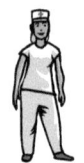

Krankenschwester

medmāsa

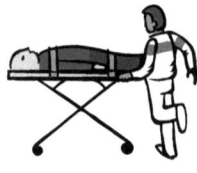

Notfall

ārkārtas gadījums

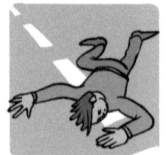

ohnmächtig

paģībis

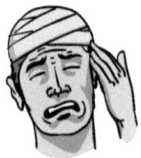

Schmerz

sāpes

	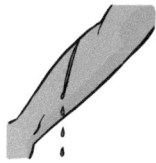	
Verletzung	Blutung	Herzinfarkt
ievainojums	asiņošana	sirdslēkme

Schlaganfall	Allergie	Husten
insults	alerģija	klepus

Fieber	Grippe	Durchfall
temperatūra	gripa	caureja
		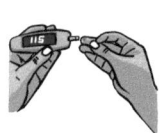
Kopfschmerzen	Krebs	Diabetis
galvassāpes	vēzis	diabēts

Chirurg	Skalpell	Operation
ķirurgs	skalpelis	operācija

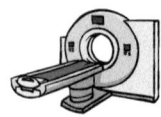

CT
datortomogrāfija

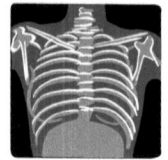

Röntgen
rentgents

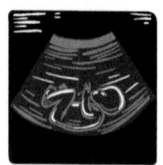

Ultraschall
ultraskaņa

Maske
sejas maska

Krankheit
slimība

Wartezimmer
uzgaidāmā telpa

Krücke
kruķis

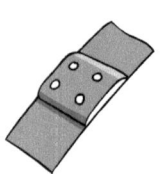

Pflaster
plāksteris

Verband
apsējs

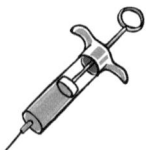

Injektion
injekcija

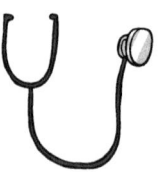

Stethoskop
stetoskops

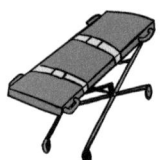

Trage
nestuves

Thermometer
termometrs

Geburt
dzemdības

Übergewicht
liekais svars

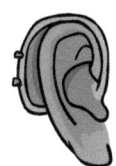

Hörgerät

dzirdes aparāts

Desinfektionsmittel

dezinfekcijas līdzeklis

Infektion

infekcija

Virus

vīruss

HIV / AIDS

HIV / AIDS

Medizin

zāles

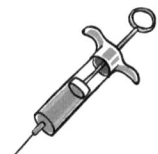

Impfung

pote

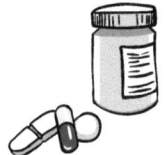

Tabletten

tabletes

Pille

pretapaugļošanās tablete

Notruf

ārkārtas izsaukums

Blutdruck-Messgerät

asinsspiediena mērītājs

krank / gesund

slims / vesels

Hilfe!

Palīgā!

Alarm

trauksme

Überfall

uzbrukums

Angriff

uzbrukums

Gefahr

bīstamība

Notausgang

avārijas izeja

Feuer!

Uguns!

Feuerlöscher

ugunsdzēšamais aparāts

Unfall

negadījums

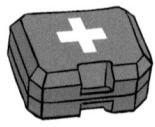

Erste-Hilfe-Koffer

pirmās palīdzības aptieciņa

SOS

SOS

Polizei

policija

Europa

Eiropa

Nordamerika

Ziemeļamerika

Südamerika

Dienvidamerika

Afrika

Āfrika

Asien

Āzija

Australien

Austrālija

Atlantik

Atlantijas okeāns

Pazifik

Klusais okeāns

Indischer Ozean

Indijas okeāns

Antarktischer Ozean

Dienvidu okeāns

Arktischer Ozean

Ziemeļu ledus okeāns

Nordpol

Ziemeļpols

Südpol
Dienvidpols

Antarktis
Antarktika

Erde
zeme

Land
zeme

Meer
jūra

Insel
sala

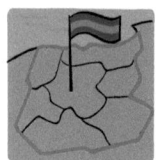

Nation
nācija

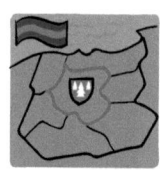

Staat
valsts

Zifferblatt

ciparnīca

Stundenzeiger

stundu rādītājs

Minutenzeiger

minūšu rādītājs

Sekundenzeiger

sekunžu rādītājs

Wie spät ist es?

Cik ir pulkstenis?

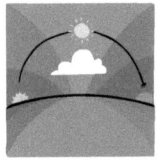

Tag

diena

Zeit

laiks

jetzt

tagad

Digitaluhr

digitālais pulkstenis

Minute

minūte

Stunde

stunda

Woche

nedēļa

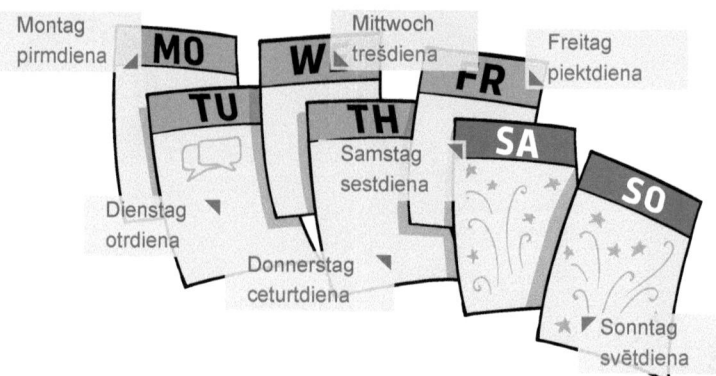

Montag
pirmdiena

Mittwoch
trešdiena

Freitag
piektdiena

Dienstag
otrdiena

Donnerstag
ceturtdiena

Samstag
sestdiena

Sonntag
svētdiena

gestern
....
vakardien

heute
....
šodien

morgen
....
rītdien

Morgen
....
rīts

Mittag
....
pusdienlaiks

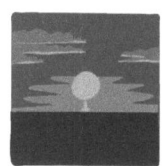

Abend
....
vakars

MO	TU	WE	TH	FR	SA	SU
1	2	3	4	5	6	7
8	9	10	11	12	13	14
15	16	17	18	19	20	21
22	23	24	25	26	27	28
29	30	31	1	2	3	4

Arbeitstage
....
darbadienas

MO	TU	WE	TH	FR	SA	SU
1	2	3	4	5	6	7
8	9	10	11	12	13	14
15	16	17	18	19	20	21
22	23	24	25	26	27	28
29	30	31	1	2	3	4

Wochenende
....
brīvdienas

Regen
lietus

Regenbogen
varavīksne

Wind
vējš

Schnee
sniegs

Frühling
pavasaris

Herbst
rudens

Sommer
vasara

Winter
ziema

4.APRIL	11°	☀
5.APRIL	4°	☁
6.APRIL	13°	☂
7.APRIL	8°	☀
8.APRIL	10°	☀

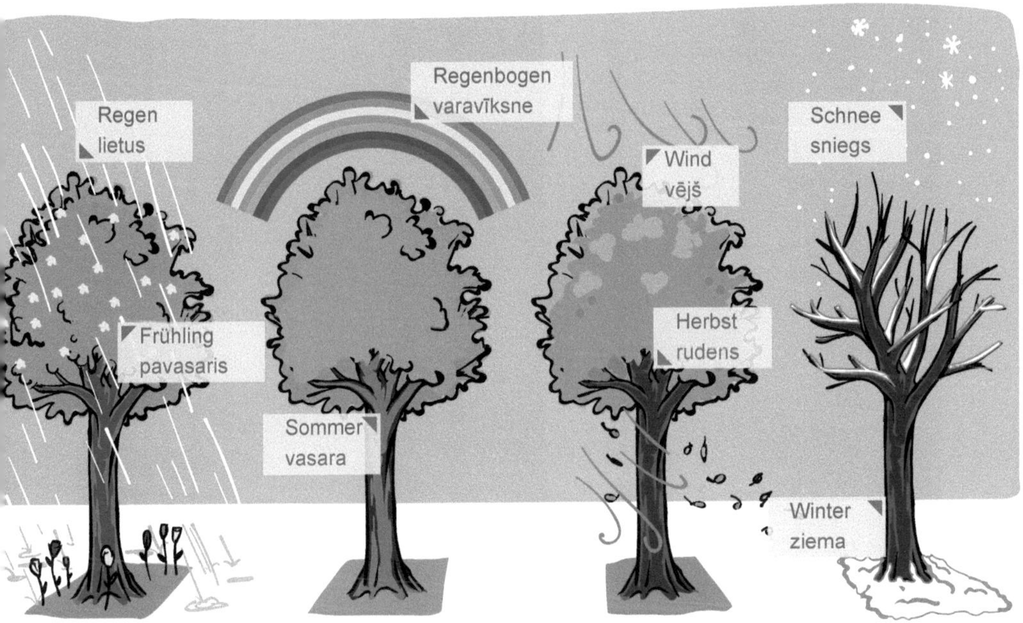

Wettervorhersage
....
laika prognoze

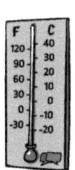

Thermometer
....
termometrs

Sonnenschein
....
saules gaisma

Wolke
....
mākonis

Nebel
....
migla

Luftfeuchtigkeit
....
gaisa mitrums

Blitz

zibens

Donner

pērkons

Sturm

vētra

Hagel

krusa

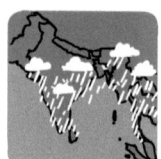

Monsun

musons

Flut

plūdi

Eis

ledus

Januar

janvāris

Februar

februāris

März

marts

April

aprīlis

Mai

maijs

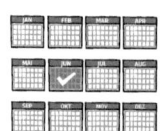

Juni

jūnijs

Juli

jūlijs

August

augusts

September
....
septembris

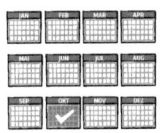

Oktober
....
oktobris

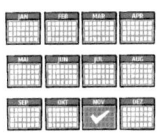

November
....
novembris

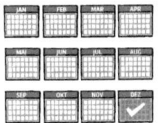

Dezember
....
decembris

Formen

formas

Kreis
....
aplis

Quadrat
....
kvadrāts

Rechteck
....
četrstūris

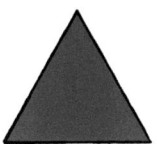

Dreieck
....
trīsstūris

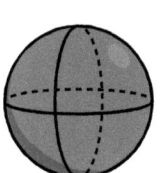

Kugel
....
lode

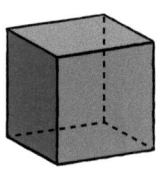

Würfel
....
kubs

Farben
krāsas

weiß
....
balts

gelb
....
dzeltens

orange
oranžs

pink
....
sārts

rot
....
sarkans

lila
....
lillā

blau
....
zils

grün
....
zaļš

braun
....
brūns

grau
....
pelēks

schwarz
....
melns

viel / wenig

daudz / maz

wütend / friedlich

saniknots / miermīlīgs

hübsch / hässlich

skaists / neglīts

Anfang / Ende

sākums / beigas

groß / klein

liels / mazs

hell / dunkel

gaišs / tumšs

Bruder / Schwester

brālis / māsa

sauber / schmutzig

tīrs / netīrs

vollständig / unvollständig

pilnīgs / nepilnīgs

Tag / Nacht

diena / nakts

tot / lebendig

miris / dzīvs

breit / schmal

plats / šaurs

genießbar / ungenießbar

baudāms / nebaudāms

böse / freundlich

nikns / laipns

aufgeregt / gelangweilt

satraukts / garlaikots

dick / dünn

resns / tievs

zuerst / zuletzt

pirmais /pēdējais

Freund / Feind

draugs / ienaidnieks

voll / leer

pilns / tukšs

hart / weich

ciets / mīksts

schwer / leicht

smags / viegls

Hunger / Durst

izsalkums / slāpes

krank / gesund

slims / vesels

illegal / legal

nelegāls / legāls

intelligent / dumm

inteliģents / dumjš

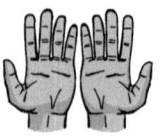

links / rechts

kreisais / labais

nah / fern

tuvu / tālu

neu / gebraucht

jauns / lietots

nichts / etwas

nekas / kaut kas

alt / jung

vecs / jauns

an / aus

ieslēgts / izslēgts

offen / geschlossen

atvērts / slēgts

leise / laut

kluss / skaļš

reich / arm

bagāts / nabags

richtig / falsch

pareizi / nepareizi

rau / glatt

raupjš / gluds

traurig / glücklich

noskumis / laimīgs

kurz / lang

īss / garš

langsam / schnell

lēns / ātrs

nass / trocken

slapjš / sauss

warm / kühl

silts / vēss

Krieg / Frieden

karš / miers

0

null

nulle

1

eins

viens

2

zwei

divi

3

drei

trīs

4

vier

četri

5

fünf

pieci

6

sechs

seši

7

sieben

septiņi

8

acht

astoņi

9

neun

deviņi

10

zehn

desmit

11

elf

vienpadsmit

12

zwölf

divpadsmit

13

dreizehn

trīspadsmit

14

vierzehn

četrpadsmit

15

fünfzehn

piecpadsmit

16

sechzehn

sešpadsmit

17

siebzehn

septiņpadsmit

18

achtzehn

astoņpadsmit

19

neunzehn

deviņpadsmit

20

zwanzig

divdesmit

100

hundert

simts

1.000

tausend

tūkstotis

1.000.000

million

miljons

Englisch

angļu

Amerikanisches Englisch

amerikāņu angļu

Chinesisch Mandarin

ķīniešu mandarīnu valoda

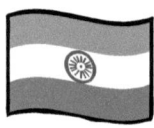

Hindi

hindi

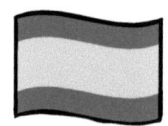

Spanisch

spāņu

Französisch

franču

Arabisch

arābu

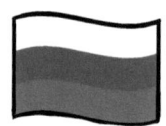

Russisch

krievu

Portugiesisch

portugāļu

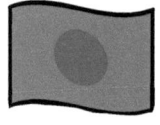

Bengalisch

bengāļu

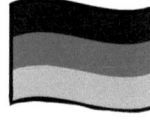

Deutsch

vācu

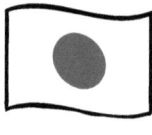

Japanisch

japāņu

ich
es

du
tu

er / sie / es
viņš / viņa

wir
mēs

ihr
jūs

sie
viņi / viņas

wer?
kas?

was?
ko?

wie?
kā?

wo?
kur?

wann?
kad?

Name
vārds

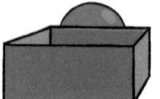

hinter

aiz

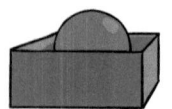

in

iekšā

vor

priekšā

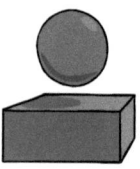

über

virs

auf

uz

unter

zem

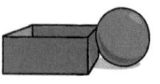

neben

blakus

zwischen

starp

Ort

vieta